AF496031

ÉTUDE

SUR LE

PROJET DE LOI SUISSE

RELATIF

AU CONTRAT D'ASSURANCE

PAR

Marcel COSMAO DUMANOIR

(Extrait du *Bulletin de la Société de Législation comparée*)

PARIS

LIBRAIRIE COTILLON

F. PICHON, SUCCESSEUR, ÉDITEUR

Libraire du Conseil d'État et de la Société de Législation comparée

24, Rue Soufflot, 24

1898

ÉTUDE

SUR LE

PROJET DE LOI SUISSE

RELATIF

AU CONTRAT D'ASSURANCE

Au congrès des actuaires qui eut lieu en 1895 à Bruxelles, M. Adan, Directeur de la Royale Belge, résumait dans un remarquable exposé l'état actuel des législations sur le contrat d'assurance sur la vie, et formulait en cette matière les desiderata des spécialistes (1). Ces desiderata consistaient dans la sanction législative des principes élaborés par la doctrine et la jurisprudence, mais le savant rapporteur adjurait le législateur futur de fonder son œuvre sur des éléments techniques fortement assis. Comme une réponse anticipée au vœu des actuaires, M. Adan signalait la préparation d'un projet, confiée par le gouvernement suisse au Dr Rölli, ancien chef de la division juridique du bureau fédéral des assurances. L'œuvre du Dr Rölli est aujourd'hui terminée; son avant-projet (2), accompagné d'un exposé des motifs, a été publié et communiqué aux Compagnies d'assurances qui opèrent en Suisse. Celles-ci ont formulé leurs observations : nous croyons pouvoir affirmer que le projet du Dr Rölli a trouvé parmi les spécialistes de l'assurance sur la vie un accueil généralement peu favorable.

(1) Congrès international des Actuaires, Bruxelles, septembre 1895. Documents, 3° question, 3° alinéa. *Nécessité d'une législation spéciale consacrant les principes généraux du contrat d'assurance sur la vie.* 1 br., 12 p.

(2) Le texte allemand du docteur Rölli est accompagné d'une traduction française du Dr Ceresole, secr. Jur. du B. F. des ass. Il existe entre les deux versions un certain nombre de légères divergences de rédaction; en raison de celles-ci, aussi bien que du caractère officiel de la traduction, il y a lieu de ne pas séparer les deux textes. Au surplus, le texte français est en général moins précis que le texte allemand.

1

Le premier et grave reproche qu'on peut lui adresser, et qui a été exprimé énergiquement par les Compagnies d'assurances dans leurs observations : c'est d'embrasser toutes les branches d'assurances terrestres sans distinction. La seule classification que connaisse le projet, est une division vraiment bien sommaire, en assurance des choses et assurance des personnes.

Ce n'est probablement pas une excellente méthode législative que de soumettre à des dispositions uniformes les assurances contre l'incendie, les assurances agricoles, les assurances industrielles, surtout lorsque la réglementation porte en grande partie sur le détail; il est moins naturel encore de réunir l'assurance sur la vie à l'assurance des choses, dans une loi où, sur quatre-vingt-douze articles, cinquante sont communs aux assurances en général (1). D'ailleurs, il n'aurait pas été difficile de consacrer à l'assurance sur la vie un chapitre exclusif : il aurait suffi de transporter ailleurs les articles 76 et 77, les seuls de la troisième partie qui concernent l'assurance des personnes contre les accidents, et qui décident l'un, qu'en cas d'assurance collective, la victime d'un accident a une action directe contre l'assureur, l'autre, qu'en cas de diminution permanente de la capacité de travail, l'indemnité sera évaluée en proportion de cette diminution.

L'auteur du projet s'est donc trouvé amené pour ainsi dire malgré lui à faire une place très à part à l'assurance vie.

Ce qui frappe tout d'abord dans le projet Rölli, c'est l'absence d'une définition générale du contrat d'assurance, susceptible de s'appliquer aussi bien à l'assurance vie qu'aux autres assurances terrestres. C'est seulement au début de la deuxième partie, spéciale à l'assurance des choses, que l'objet et la portée du contrat d'assurance sont définis.

« Le contrat d'assurance peut avoir pour objet tout intérêt
« économique qu'une personne possède à la non réalisation d'un
« risque. Même si le contrat a été conclu par un intermédiaire,
« l'indemnité n'est due qu'à la personne dont l'intérêt fait l'objet
« de l'assurance. — Cette personne s'appelle l'assuré. »

(1) M. de la Grasserie a publié récemment, dans la *Revue internationale des assurances* (1897, 2° N° trim., p. 239 s.), l'essai d'un projet de loi général sur les assurances, qui s'applique également à toutes les assurances terrestres. Le savant magistrat s'est par là trouvé amené à méconnaître (notamment en matière d'assurances vie) des données techniques fondamentales qui rendraient inapplicables certaines dispositions de son projet.

Le sens de cet article est bien clair : l'assurance ne peut servir qu'à réparer un dommage, c'est un contrat d'indemnité.

Cette définition, imposée, sinon formulée, par l'article 46, l'auteur ne l'a pas jugée, sans doute, applicable à l'assurance sur la vie, et, à notre avis, il a eu raison (1). Nous ne prétendons pas soutenir que l'assurance sur la vie ne soit pas une assurance, et nous n'ignorons pas que l'assurance suppose un dommage éventuel dont il s'agit de pallier les conséquences. Mais nous ne croyons pas que le capital assuré soit toujours et en soi une indemnité. Cette doctrine, qui tarit dans leur source plusieurs contraverses juridiques, et dont la jurisprudence, alors qu'elle flottait encore, s'est parfois servi comme d'une sorte d'excuse, tombe devant la réalité des faits. Le capital assuré est, presque dans la majorité des cas, un pur gain pour celui qui le recueille. Que ce soit là une déformation économique de l'assurance sur la vie, nous ne le croyons pas pour notre part, mais peu importe, il suffit que cette déformation soit juridiquement possible pour qu'on ait le droit d'affirmer que l'assurance sur la vie n'est pas essentiellement, au point de vue juridique, un contrat d'indemnité.

Il y a donc quelque chose à la fois d'un peu étroit et d'un peu vague dans cette conception du contrat d'assurance. Mais l'absence d'une définition complète et précise n'est pas la seule marque de la difficulté qu'on éprouve à grouper des éléments hétérogènes dans des formules complexes ; le style du projet tout entier comporte trop souvent des expressions abstraites, même dans des dispositions de détail. Nous signalerons les plus frappantes, à mesure qu'elles se présenteront.

C'est donc sans définir le contrat d'assurance que débute le projet du Dr Rölli. Il est divisé en quatre parties.

I. *Dispositions générales.*
II. *Dispositions spéciales à l'assurance des choses.*
III *Dispositions spéciales à l'assurance des personnes.*
IV. *Dispositions finales.*

L'article 1er dispose qu'autant que la présente loi n'en dispose pas autrement, le contrat d'assurance est soumis aux dispositions générales du code fédéral des obligations. Ce rappel

(1) Le Code civil de Zürich donne, dans son article 496, une définition du contrat d'assurance qu'il applique à l'assurance sur la vie, et qui est identique à celle que nous dégageons de l'article 46 du projet Rölli.

n'était pas indispensable. Aussitôt après, commence la réglementation extérieure du contrat d'assurance. Aucune forme spéciale n'est prescrite, et, nous allons le voir, il s'agit d'un contrat purement consensuel, au moins en théorie, car le contrat formé *in abstracto* reste à peu près sans effet tant que n'ont pas été accomplies certaines formalités.

D'après un usage constant, toute personne qui désire s'assurer rédige une proposition, le plus souvent d'après un formulaire qui émane de l'assureur. Cette proposition, destinée avant tout à fournir à ce dernier les renseignements dont il a besoin pour fixer les bases du contrat, peut avoir dans l'intention de celui qui la rédige, une signification très variable. Ce peut être une simple feuille de renseignements; ce peut être un engagement ferme. L'usage qui a prévalu en France est de n'attribuer à la proposition qu'une valeur de renseignement. Même à ce point de vue, la proposition conserve une grande importance, puisque les renseignements fournis inexactement ou omis par l'assuré peuvent donner lieu à la nullité du contrat. Mais, quelle que soit cette importance, le signataire d'une proposition demeure libre de se retirer; il n'est pas plus engagé envers l'assureur que n'est engagé envers un marchand le passant qui entre dans une boutique pour demander le prix d'un objet. Le contrat d'assurance tel que l'a fait notre pratique, est un contrat formaliste; la solennité consiste dans la signature d'une police en double original, et le paiement de la première prime. C'est en effet une nécessité d'ordre technique que le risque accepté par l'assureur soit couvert d'avance.

Le projet qui nous occupe s'est placé à un point de vue tout différent.

La proposition d'assurance constitue une offre; que l'acceptation de l'assureur vienne s'y joindre, et le contrat est conclu. Mais ici, il n'en est pas comme d'une offre ordinaire, qui peut être retirée tant qu'elle n'a pas été acceptée : le proposant ne peut retirer sa proposition pendant un délai qui est, suivant les cas, de dix jours ou de trois semaines (art. 2). Si l'acceptation de l'assureur ne lui parvient qu'après ce délai, le proposant peut refuser de donner suite à l'assurance. Il en résulte, à *contrario*, que l'acceptation notifiée dans le délai voulu transforme l'offre d'assurance en un contrat d'assurance. Heureusement, l'article 2 laisse au proposant la faculté de faire ses réserves, moyennant quoi la proposition perd sa valeur d'engagement. Il n'est pas inutile, en matière d'assurance vie principalement, que la proposition puisse être examinée et au besoin modifiée avant que l'affaire soit définitivement conclue : le proposant a pu se méprendre, et ce n'est pas la précaution imposée par le projet Rölli (art. 4), d'inscrire dans le formulaire de proposition les conditions générales de la police, qui suffirait à pallier cet inconvénient. Il est fâcheux que l'assuré se trouve engagé alors que l'assureur ne l'est en aucune façon, et nous n'hésitons pas à préférer le système qui laisse au proposant le droit de se retirer tant que l'engagement de l'assureur n'a pas pris naissance. De plus, il résulte de l'article 78, qu'en matière d'assurance-vie, les primes autres que la première sont facultatives ; cette formule, souvent employée en France, n'y est pas très exacte, car la première prime elle-même est facultative, en ce sens que, si elle n'est pas payée, le contrat ne sera pas conclu, mais l'assureur ne peut pas forcer l'assuré à la payer, même après la signature de la police. Dans le projet Rölli, l'assureur aurait une action en paiement de la prime contre le signataire d'une proposition acceptée dans le délai voulu.

Ces dispositions ont un défaut peut-être plus grave que ceux que nous venons d'indiquer : c'est leur inutilité. Comme elles ne sont pas de celles qui, aux termes de l'article 88, s'imposent sans dérogation conventionnelle possible, on peut, sans crainte d'exagération, affirmer que la dérogation deviendrait promptement de style.

En échange de la proposition, qui forme le titre de l'assureur, celui-ci doit, de son côté, fournir un titre à l'assuré. Ce titre, ou police, peut être refusé par l'assuré, s'il ne le juge pas conforme à ce qui a été convenu (art. 14). On voit combien est singulière cette situation des deux parties qui se trouvent liées l'une envers l'autre, mais dont l'une n'est pas encore nantie d'un titre approuvé par elle, et définissant les obligations du contractant. Il y a là une nouvelle raison d'affirmer que la pratique rendrait bientôt lettre-morte le système si contestable, qui forme le mécanisme extérieur du contrat d'assurance.

Puisque l'assuré est, dans l'ordre du temps, le premier engagé, examinons d'abord quelles sont ses obligations. La première à laquelle il ait à satisfaire est celle de déclarer toutes les circonstances qu'il connaît et qui sont de nature à influer sur l'opinion du risque. Ce devoir de déclaration est sanctionné dans le projet comme on pouvait s'y attendre (art. 6). Il était sans doute inutile de définir ce que c'est qu'une circonstance importante (erheblich) pour l'opinion du risque : il aurait été facile d'imaginer de soi-même que ce sont « les circonstances envisagées généralement (nach der Auschauung des Verkehres) comme de nature à influer sur le consentement de l'assureur ». En revanche, il était bon, comme le fait l'article 7, de spécifier que lorsque l'assurance est faite par mandataire, les déclarations doivent porter sur les faits connus au mandant et sur les faits connus au mandataire, de même qu'en cas d'assurance pour le compte d'un tiers.

L'usage s'est introduit de remettre au proposant un questionnaire qu'il doit remplir; le proposant s'est-il acquitté de son obligation lorsqu'il a rempli ce questionnaire, c'est une question que le projet tranche par l'affirmative, mais cette solution paraît contestable(1). En fait, le formulaire contient toutes les questions utiles, ou peu s'en faut. Mais il est évidemment impossible de prévoir tous les cas particuliers, c'est pourquoi le projet nous semble aller beaucoup trop loin en décidant que, dans tous les cas, le proposant n'aura qu'à répondre aux questions posées.

La conséquence d'une fausse déclaration ou d'une réticence, c'est que l'assureur n'est pas lié (art. 9). Quel est dans cette hypothèse le fondement de la nullité du contrat? Il y a controverse, en France, sur l'interprétation de l'article 348 du Code de commerce. Pour les uns, il s'agit de fausses déclarations ou de réticences faites de mauvaise foi; pour les autres, peu importe la bonne ou la mauvaise foi; pour les premiers, c'est la théorie du dol qui est en jeu ; pour les autres, c'est la théorie de l'erreur. Dans cette discussion, nous pencherions, en droit positif, plutôt vers la seconde opinion, quoi qu'elle traite (et c'est un sérieux inconvénient) la bonne et la mauvaise foi sur le même pied. Le projet Rölli, comme la loi belge du 11 juin 1874, supprime la controverse en exigeant que la réticence ou la fausse déclaration ait eu lieu sciemment (art. 9, § 1). L'assureur se trouvera donc soumis à la nécessité de prouver, non pas seulement que le fait omis ou dénaturé viciait substantiellement son opinion sur le risque à accepter, mais que le proposant a voulu le tromper. En fait, les Compagnies d'assurances usent fort peu de la faculté de faire annuler un contrat pour fausse déclaration; elles ne s'engagent dans des contestations de cette espèce que lorsque l'évidence est en leur faveur, et encore bien souvent laissent-elles passer sans protestation bien des règlements, pour ne pas attacher leur nom à un procès. La question est donc en réalité presque purement

(1) Elle est cependant admise par certains auteurs. Cf. Ambroselli. *Du contrat d'assurance sur la vie. Obligations de l'assuré et de l'assureur*, p. 41.

théorique; elle est d'autant moins pratique, en matière d'assurance-vie, qu'il figure en tête de la plupart des polices, et notamment de la police du Comité français des Compagnies-vie, une clause par laquelle la Compagnie s'interdit d'invoquer la fausseté des déclarations lorsque cinq années se sont écoulées. L'auteur du projet n'a pas cru devoir sanctionner législativement cet usage. On ne peut l'en blâmer, car il pourrait se produire telles circonstances qui amèneraient les Compagnies à ressaisir une arme dont elles se sont volontairement dépouillées, par exemple, si leur tolérance en cette matière engendrait l'abus. Mais le législateur (art. 11) admet d'une façon générale que l'assureur peut même tacitement renoncer à se prévaloir de la nullité.

Examinons maintenant les conséquences de la nullité prononcée.

Les primes versées sont acquises à l'assureur, y compris celle de la période en cours. Sur les primes versées d'avance pour les périodes futures, et que l'assureur restitue, il retient le quart. Ce sont là des peines infligées au dol de l'assuré.

Il n'y a rien à dire au sujet de cette disposition sinon en ce qui concerne le dernier paragraphe, qui soulève des objections en tant qu'il s'applique à la fausse déclaration dolosive. En matière d'assurance-vie, lorsque le contrat a une valeur de rachat, c'est cette valeur de rachat que l'assureur doit restituer en cas de nullité pour fausse déclaration. On pourrait être tenté de justifier cette solution par un rapprochement avec le précédent paragraphe. Qu'est-ce, en effet, que la valeur de rachat? C'est une partie de la réserve (Cpr., art. 82, § 2), et la réserve se constitue au moyen d'une partie des primes, mise de côté pour l'avenir. Puis donc qu'on restitue les primes afférentes aux périodes futures, sauf une déduction à titre de peine, on doit restituer la réserve, sauf une déduction, et cette déduction sera la même qu'en cas de rachat. Malheureusement, il subsiste une véritable iniquité, c'est celle qui consiste à mettre sur le même pied l'auteur de la fausse déclaration dolosive et l'assuré malheureux, qui, hors d'état de payer sa prime, subit le rachat de son contrat. C'est là un traitement qui ne peut être accepté. L'article 9 serait explicable si la nullité pour fausse déclaration était opposable à l'assuré de bonne foi; il cesse de l'être, puisqu'il n'est question que de l'assuré qui a agi sciemment. C'est pourquoi l'article 9, qui s'applique par analogie et par renvoi chaque fois (ou à peu près) qu'un contrat prend fin avant son terme normal, est bien mieux adapté à ces différentes hypothèses qu'à celle de la nullité pour fausse déclaration.

La seconde obligation du preneur d'assurance consiste dans le paiement de la prime. C'est à lui qu'incombe ce paiement (art. 21). Cependant. dans le cas d'assurance pour compte d'autrui, s'il est hors d'état de l'effectuer, l'assureur peut s'adresser à l'assuré. Le créancier gagiste n'est pas tenu de payer les primes (art. 22). L'échéance de la prime (implicitement déclarée payable d'avance, art. 23), le lieu du paiement, la mise en demeure pour ce paiement, les conséquences du défaut de paiement sont réglés par les articles 21 à 26 du projet. Aucune disposition notable ou différente des procédés en usage n'est édictée par ces articles, si ce n'est l'obligation pour l'assureur de sommer par écrit le cessionnaire de l'assurance ou le créancier à qui elle a été donnée en gage, si l'assureur a été avisé de la cession ou de la mise en gage ; ce cessionnaire ou ce créancier, bien qu'ils ne soient pas tenus au paiement de la prime, ont un intérêt considérable à cette information ; aussi, bien que cette disposition du projet n'ait pas trouvé bon accueil chez tous les assureurs, nous n'hésitons pas à l'approuver entièrement. Elle est d'ailleurs appliquée officieusement par beaucoup de Compagnies.

Quant aux conséquences du non-paiement de la prime, elles consistent dans la faculté pour l'assureur de se retirer ou d'exiger le paiement ; en attendant, le contrat est considéré comme résilié. En ce qui concerne l'assurance sur la vie, la prime est généralement stipulée facultative ; il n'y a là qu'un usage, adopté d'ailleurs à ce titre par des compagnies étrangères sans s'y obliger contractuellement. Les raisons en faveur de ce caractère facultatif, dont la principale est l'importance du chiffre des primes-vie, sont pratiquement assez puissantes pour que le législateur puisse transformer cet usage en règle légale. C'est ce que fait le projet dans l'article 78. A ce propos, remarquons qu'il était inutile de placer dans la partie générale une disposition qui ne s'applique pas à l'assurance-vie. Il aurait mieux valu mettre l'article 22 dans la partie spéciale à l'assurance des choses.

Lorsqu'un contrat d'assurance sur la vie est résilié par suite de non-paiement de la prime, il y a lieu de le laisser en vigueur pour un capital réduit, ou bien d'en opérer le rachat. Il est inutile d'insister ici sur ces points bien connus du mécanisme de l'assurance sur la vie. L'article 85 du projet adopte l'usage courant, en ce qui concerne le délai de trois ans, nécessaire pour donner à la police une valeur de rachat. Ajoutons que l'article 26 règle le lieu du paiement de la prime et tranche dans le sens de l'affirmative la question toujours pendante et sujette à tant de discussions de savoir si le fait d'avoir fait encaisser habituellement les primes à domicile rend cette coutume obligatoire. Les inconvénients que cette solution présente pour l'assureur sont palliés par la faculté qui lui est accordé de rendre de nouveau les primes non quérables par un avertissement exprès à l'assuré.

La troisième obligation de l'assuré consiste à ne pas aggraver, au cours de l'assurance, le risque accepté par l'assureur, ou, si cette aggravation a eu lieu sans son fait, à la faire connaître à l'assureur. *A fortiori*, l'assuré ne doit pas déterminer lui-même l'événement qui constitue le risque (art. 17). Le projet Rølli ne diffère pas, sur ce point, des principes admis couramment. Nous ne nous arrêterons pas à quelques bizarreries de rédaction que contient l'article 30, § 1ᵉʳ, et sur lesquelles la traduction française étend un voile complaisant. Lorsque le preneur d'assurance, en cas d'aggravation involontaire, a effectué la déclaration prescrite, le contrat n'est pas résilié. La résiliation du contrat est donc, dans l'esprit du projet, une sorte de peine contre le preneur d'assurance, coupable de n'avoir pas fait la déclaration. S'il a fait la déclaration, il n'a rien à se reprocher, l'assurance reste en vigueur. Ici, comme partout, l'auteur du projet considère l'avantage de l'assuré, et mesure ce qui est équitable à l'aune de celui-ci. Nous saisissons cette occasion de signaler cette tendance qui perce dans les moindres détails du projet; l'assuré doit toujours, et quand même, être défendu contre les embûches de l'assureur. Cette idée préconçue fait oublier ici la réalité des choses : si, par suite de l'aggravation du risque, il y a lieu d'admettre la résiliation, ce n'est pas à raison d'une faute, mais parce que l'engagement de l'assureur n'est plus en proportion avec celui de l'assuré : l'accord des volontés n'existe donc plus. Il y a lieu de laisser d'ailleurs à l'assureur le choix d'opter entre la résiliation et la continuation du contrat, avec ou sans surprime, car, en réalité, c'est une nouvelle convention qui interviendra. Faire subsister l'ancienne moyennant une simple déclaration nous paraît aussi contraire à l'équité qu'à la véritable notion du contrat d'assurance. L'assureur n'a pas à faire œuvre de philanthropie, il n'a qu'à remplir ses engagements comme un commerçant qu'il est, dans les conditions où il a entendu s'engager; s'il veut faire davantage, il risque de dépasser ses ressources, et le lui imposer, c'est une injustice et une spoliation. Heureusement que le remède est à côté du mal, et l'article 31 lui-même nous l'indique implicitement: l'assureur peut se réserver contractuellement le droit de résilier. C'est ce qu'il fait actuellement (voir les polices françaises du Comité), c'est ce qu'il ferait d'autant plus si l'article 31 devenait la loi, et cette disposition, comme tant d'autres que nous avons rencontrées ou que nous rencontrerons, est destinée à rester lettre morte. Ajoutons qu'il est singulier, lorsqu'on résilie un contrat d'assurance par suite d'aggravation du risque, de faire cesser l'effet de ce contrat quatorze jours après la notification, au lieu de le faire cesser au moment même où l'aggravation se produit.

Avant d'étudier les obligations de l'assureur, il convient de passer en revue les dispositions du projet relatives à la personne même de cet assureur. Aux termes de la loi fédérale du 25 juin 1885, les Compagnies d'assurance sont soumises à la surveillance soit des autorités fédérales, soit des autorités cantonales. Lorsque l'autorisation fédérale est retirée, le souscripteur peut se départir du contrat, ou bien, s'il a payé d'avance pour toute la durée de l'assurance, contracter aux frais de l'assureur une assurance à une autre compagnie. Ce droit d'exiger qu'une autre assurance soit souscrite aux frais de l'assureur est exorbitant, alors qu'il s'agit d'une cause tout à fait étrangère à l'assureur. Il est singulier de remarquer que l'auteur du projet qui, lorsqu'il s'agissait d'une aggravation du risque distinguait avec tant de soin, selon que l'aggravation provenait ou non du fait de l'assuré, ne fait aucune distinction de ce genre quand il s'agit de l'assureur. L'administration peut donc, en retirant la concession fédérale, peut-être par une mesure de protectionnisme, exposer les Compagnies vie à assurer à leurs frais ceux qui ont versé des primes uniques et cela peut-être à des conditions onéreuses. Ce danger est d'autant plus grand qu'aux termes de l'article 9 § 2 de la loi fédérale sur la surveillance des assurances, c'est dans les cas où la situation d'une Compagnie d'assurance paraît embarrassée qu'il y a lieu de lui retirer la concession. Tout ce que l'équité exige en pareil cas, c'est la restitution des primes correspondantes à des périodes futures. Et même, il nous semble exagéré de restituer la totalité de la réserve, en cas d'assurance vie. Ce qui sera dit plus loin sur la réserve, justifiera notre manière de voir.

La faillite de l'assureur met fin au contrat d'assurance. C'est une hypothèse très rare, mais il suffit qu'elle soit possible pour qu'il y ait un intérêt législatif à le prévoir. La situation de l'assuré sur la vie vis-à-vis de l'assureur failli est très particulière. Il n'a pas contre cet assureur une créance actuelle, si ce n'est celle d'une obligation de faire; or, la faillite suppose justement, l'impossibilité matérielle d'exécuter cette obligation, qui consiste à recevoir le dépôt des primes pour les faire valoir. Si on s'en tenait aux principes généraux, on laisserait subsister en théorie l'obligation de faire, qui resterait sans utilité réelle pour le créancier; car les dommages-intérêts auxquels il pourrait avoir droit seraient une compensation toute platonique. Il est plus naturel de considérer l'obligation comme éteinte, et c'est ce que fait l'article 38, premier alinéa. Mais comme il ne s'agit pas ici d'une application de principes, mais simplement de la sanction légale d'un fait matériel, on peut regretter que l'auteur du projet se soit contenté de décider laconiquement que le contrat s'éteint sans indiquer dans quelles conditions. Pour les assurances où la prime payée pour chaque période correspond exactement au risque couru pour cette période, on peut sans inconvénient arrêter l'assurance à la fin d'une période quelconque. Mais pour l'assurance vie, il en va autrement. L'assureur avait en dépôt une partie des primes antérieurement versées sur l'ensemble des contrats. C'est ce qui constitue ses réserves mathématiques; à quel titre les possède-t-il, c'est une question controversée. Pour les uns, les réserves sont la propriété des assurés; pour les autres, elles sont la propriété de l'assureur sans que l'assuré ait sur elles aucun droit d'aucune espèce. Nous croyons que la vérité est dans un juste milieu. Les réserves n'appartiennent pas aux assurés, mais l'assureur a contracté envers eux l'obligation de les constituer, et à cet effet il a reçu des sommes d'argent avec une affectation spéciale. Lorsque cette affectation spéciale cesse d'être possible, l'argent qu'il a reçu se trouve entre ses mains sans cause, et il doit le restituer (1). Il y aurait donc lieu de décider ici que l'assuré est créancier de la valeur de rachat et d'admettre à la faillite les titulaires de contrats ayant acquis une valeur de rachat au même titre que ceux qui ont droit à une indemnité échue.

Remarquons, pour en finir avec l'article 38, que les sommes dues par les réassureurs tombent dans la masse. On aurait pu soutenir que la réassurance de chaque contrat devait être exclusivement affectée au règlement de ce contrat. Pourquoi en effet est contractée la réassurance? Parce que l'assureur principal trouve le risque trop considérable pour en conserver l'aléa entier; il ne veut pas que ce risque lui cause un

---

(1) Nous n'entendons pas établir par là que l'assuré peut *à son gré* demander le rachat comme un droit en dehors de toute stipulation contractuelle. Nous ne parlons ici que des cas où le contrat prend fin pour une cause étrangère à la volonté des contractants.

préjudice, et il se garantit d'avance. La réassurance est en somme un moyen pour l'assureur de se procurer les moyens de faire face à son engagement. Or, n'est-ce pas là ce à quoi il s'est engagé envers l'assuré? Donc, la réassurance n'est pas un acte purement personnel à l'assureur et exécuté dans son propre intérêt, l'assuré a prévu et voulu cet acte; il lui est opposable en bien comme en mal, et c'est lui seul qui doit en profiter.

Bien que nous soyons fermement convaincu que l'assuré n'est pas étranger au fonctionnement technique de l'assurance qu'il a contractée et que ce fonctionnement lui est opposable, nous ne pensons pas que la réassurance puisse être considérée comme opposable à l'assuré. Ce n'est pas pour fournir à son assuré une sûreté pour le paiement de ce qui lui sera dû un jour, que l'assureur se réassure, c'est pour se garantir lui-même. L'assuré ignore le réassureur, il ignore même la réassurance. Ce n'est pas une chose qu'il a voulue. S'il avait eu volonté de ce genre, il se serait assuré pour moitié à deux compagnies. Il ne résulte donc pas de la nature des choses que la réassurance soit applicable uniquement au contrat réassuré. La disposition de l'article 38, § 3 doit donc être approuvée, et il faut féliciter l'auteur d'avoir songé à aplanir cette controverse.

Pour en terminer avec ce qui concerne la personnalité de l'assureur, signalons l'article 35, qui définit les pouvoirs des agents. Les nécessités des affaires amènent les compagnies d'assurance à s'attacher des agents de différentes espèces. Ce sont ou bien des fonctionnaires purement administratifs chargés d'une mission de surveillance et de contrôle, ou des représentants chargés de recevoir et de transmettre les propositions d'assurance, ou de simples courtiers. Au milieu de cette diversité, il est difficile au public de savoir toujours le caractère exact de l'agent auquel il s'adresse, et à cette difficulté s'ajoute encore ce fait que, dans l'usage, les diverses espèces d'assurances en usent différemment. C'est ainsi que le mandat des agents d'assurance sur la vie est beaucoup plus restreint que celui des agents d'incendie, par exemple. Il y a lieu également de signaler ce fait, que les agences, sauf exception, ne sont pas des succursales. La réglementation entreprise sur ce point par le projet n'est pas très heureuse. A part la modification des conditions générales des polices qui est formellement exclue des pouvoirs présumés des agents par l'article 35 § 3, tout peut être considéré, à la rigueur, comme faisant partie de ces pouvoirs. Ceux-ci s'étendent aux actes que comportent les fonctions confiées à l'agent d'après l'usage des affaires. On sent ici l'inconvénient de réglementer ensemble dans le détail toutes les espèces d'assurances. Comme il y a autant d'usages que d'espèces d'assurances et presque que de compagnies, la confusion n'est nullement supprimée par cet article. Si l'on ajoute à cela que l'approbation tacite de l'assureur tient lieu de mandat lorsque l'agent a coutume de faire certaines choses, on voit que cet article n'est pas de nature à applanir les difficultés que peut soulever la question de savoir si tel ou tel acte fait par un agent est opposable à la compagnie d'assurance. Bien loin de là, le vague des expressions employées est de nature à faire naître des litiges qui ne naissaient pas jusqu'ici.

En dehors des obligations qui résultent pour lui de chaque contrat pris en lui-même, l'assureur est soumis à des prescriptions d'ordre administratif. Leur place est ailleurs que dans une loi sur le *contrat* d'assurance. Mais l'article 5 dispose cependant que l'assureur sera tenu de publier les conditions générales de ses polices dans la feuille officielle du commerce. Cette obligation fait un peu double emploi avec celle de faire figurer les conditions générales dans les feuilles de proposition. L'assuré, en tous cas, ne pourra pas alléguer que les clauses de son assurance lui ont été mal connues.

La publication est également obligatoire pour les modifications apportées aux conditions générales. Il est à craindre d'ailleurs que ces modifications ne soient pas fréquentes sous l'empire du projet Rölli. Celui-ci en effet donne aux assurés dont les contrats sont en cours, le droit de demander l'application des nouvelles conditions, ce qu'ils ne feront évidemment que s'ils les jugent plus favorables. Cette faculté est de nature à faire reculer les assureurs prudents devant tout avantage nouveau à faire aux futurs assurés, et par là, l'article 36 est un obstacle au progrès.

La première obligation de l'assureur (art. 13) est de délivrer à l'assuré une police relatant les droits et obligations des parties, et l'assuré peut exiger qu'il y soit joint une copie des pièces de proposition.

Ceux qui ont vu dans la pratique les difficultés de toute sorte occasionnées par les polices à ordre, en matière d'assurance sur la vie, applaudiront à la disposition de l'article 15, qui les proscrit entièrement. Peut-être y aurait-il eu lieu de faire une distinction, car, pour les autres catégories, la faculté d'endosser peut rendre des services. Nous verrons plus loin qu'il a été pourvu par le projet à ces besoins par d'autres procédés. En matière d'assurance-vie, le principal inconvénient n'est pas que telle

police soit à ordre ; c'est la possibilité de la clause à ordre, en général, dans les polices. Jadis, dans certaines compagnies, toutes
les polices étaient endossables, sauf stipulation contraire ; aujour-
d'hui, les polices ne sont endossables (dans les polices du Comité),
que moyennant stipulation expresse. Mais il est demeuré comme
une croyance à l'endossabilité des polices, de sorte que l'on voit
quelquefois produire pour un règlement une police non à ordre
revêtue d'un endossement. Les Compagnies se trouvent ainsi
dans le fâcheux dilemme de méconnaître la volonté certaine de
l'assuré, ou de faire un paiement irrégulier.

La police au porteur n'est pas prohibée. Elle est complètement
inusitée en France, et le besoin ne s'en est jamais fait sentir.
On se demande pourquoi le projet l'admet, tout en proscrivant la
clause à ordre.

Tant que l'assurance est en cours, les obligations de l'assureur
sont peu de chose. C'est lorsqu'elle arrive à échéance (1) que
ces obligations prennent de l'importance. Elles se résument à
payer l'indemnité stipulée. Mais pour que ce paiement lui soit
possible, il faut qu'il ait été informé de l'événement du sinistre,
et mis à même de faire les constatations nécessaires. C'est à quoi
pourvoient l'article 39 et les suivants ; il n'y a rien de particulier
à noter dans ces dispositions, si ce n'est le caractère un peu
vague de la rédaction.

Tel est l'ensemble de la partie commune aux assurances en
général. L'observation qui s'en dégage est le côté tout pratique
des dispositions qu'elle contient, pratique d'intention, car outre
les cas que nous avons signalés, il existe bien des points dont
l'application n'irait pas sans difficulté. Ces caractères vont se
retrouver dans les deux parties spéciales, dont la première
(art. 46 à 68) concerne l'assurance des choses.

L'article 46 a déjà été étudié par nous, et nous avons dit que ce
n'est pas une définition complète de l'assurance qu'il y faut
chercher. Il ne donne qu'un côté de cette définition, en délimi-
tant l'objet possible du contrat d'assurance. Cet objet possible,
c'est tout intérêt économique qu'une personne possède à la non-
réalisation d'un risque. L'exposé des motifs fait remarquer que
par là se trouve tranchée la question de savoir si l'objet de l'assurance est l'objet matériel assuré, ou bien l'intérêt qu'on peut
avoir à sa conservation. La tendance de la théorie adoptée par le
projet est de permettre à quiconque a un intérêt économique,

(1) L'article 34 définit les événements qui donnent ouverture au droit de
l'assuré. Cette définition est un pur truisme.

d'en faire l'objet d'une assurance. C'est ainsi qu'un créancier
hypothécaire peut assurer son intérêt à la conservation de la
chose. L'usufruitier pourra assurer son usufruit, et ainsi de
suite. Cette définition abstraite de l'objet de l'assurance est
plus philosophique peut-être que celle qui consiste à considérer
l'indemnité d'assurance comme le substitut de l'objet lui-même ;
elle a un avantage au point de vue où se place le Dr Rölli. Ce
point de vue, plus scientifique que législatif, est de donner une
définition qui comprenne toutes les espèces d'assurance des
choses. L'auteur a entendu englober dans une formule commune
l'objet de l'assurance-incendie, par exemple, et l'objet de l'assurance contre les risques du remboursement au pair. Il est bien
certain que dans l'un comme dans l'autre cas, il y a un événement
(l'incendie ou la désignation par tirage au sort) que l'on a intérêt
à éviter. Mais en dépit de ce caractère commun, il est difficilement
contestable qu'une différence importante sépare ces deux hypothèses. Lorsqu'il s'agit d'une assurance contre le remboursement
au pair, ou d'une assurance de la responsabilité civile, on veut soit
conserver l'état de choses actuel, soit faire face à un moment
donné à une certaine dépense ; mais, lorsqu'il s'agit d'un objet
matériel exposé à un danger, le but de l'assurance est de se procurer les moyens de remplacer cet objet s'il disparaît, ou de le
réparer s'il est endommagé ; on peut bien dire en un certain sens,
que c'est là garantir l'intérêt qu'on a à la conservation de la
chose ; à un point de vue moins philosophique, mais mieux
adapté à une législation pratique, il est plus simple et aussi exact
de dire qu'on assure la chose elle-même.

L'avantage de cette conception moins abstraite se marque dès
que l'on pénètre plus avant dans les dispositions du projet.
Un des points les plus importants de la théorie juridique de l'assurance des choses est le moyen de faire tenir dans le patrimoine
de l'assuré la place de la chose disparue par l'indemnité touchée.
Pendant que l'assurance sur la vie évoluait de façon à faire
échapper le capital assuré au patrimoine de l'assuré, l'assurance
des choses, par voie de jurisprudence et par voie législative, arri-
vait à faire échapper à la masse des créanciers chirographaires
l'indemnité d'assurance pour l'attribuer au titulaire d'une sûreté
réelle sur la chose. Cette conception, qu'on peut considérer aujourd'hui comme acquise non seulement en droit positif, mais
en doctrine, s'adapte très bien à l'opinion qui considère l'assurance comme s'appliquant à la chose même. Il n'en est pas tout
à fait de même pour l'opinion adoptée par le projet.

La généralité de l'article 46 a peut-être pour but de ne laisser aucun doute sur le point de savoir si toute espèce d'assurance est possible. Ce doute n'aurait pas eu grande portée, car on aurait pu répondre victorieusement que tout ce qui n'est pas défendu est permis. Quoi qu'il en soit, et dût-il y avoir là un défaut de logique, le projet admet les solutions que lui imposaient les nécessités de la pratique. Le droit de gage sur la chose assurée s'étend à l'action contre l'assureur et à l'indemnité, ainsi qu'à l'objet que soit l'assureur, soit l'assuré, à l'aide de l'indemnité reçue, a fait établir pour remplacer l'objet disparu (art. 56). Les droits réels régis par les lois cantonales restent régis par ces mêmes lois. Il paraît vraiment difficile de faire cadrer la notion de l'objet assuré qui résulte de l'article 46 avec cette série de subrogations. Quoi qu'il en soit, la solution est en elle-même heureuse et ne saurait qu'être approuvée. Il en est de même de l'article 58, qui, en cas d'assurance contre la responsabilité civile, donne au tiers lésé un droit de gage sur l'indemnité due par l'assureur à celui qui l'a lésé. Le projet place cette disposition immédiatement après celle qui établit la subrogation de l'indemnité d'assurance à la chose assurée. Et pourtant, la raison de décider n'est pas la même. Dans un des cas, c'est la nature des choses ; dans l'autre, aucun principe juridique ne justifie la solution adoptée, ce sont seulement des raisons pratiques qui peuvent la faire préférer. Il est également difficile de trouver ailleurs que dans la loi positive le fondement de l'article 54, qui fait passer de plein droit, sur la tête de l'acquéreur de la chose assurée, les droits et obligations résultant de l'assurance. L'usage français prévoit pour cette hypothèse la faculté de continuer la police ou la résiliation. Dans certains cas, la facilité de créer des polices à ordre pourrait rendre des services. Le projet Rölli, nous l'avons vu, n'admet pas les polices à ordre, mais la disposition de l'article 58 en est le succédané.

Le projet s'occupe très minutieusement de la valeur de la chose assurée et de la fixation de l'indemnité. Il définit avec soin et non sans quelque prolixité la valeur assurable *(Versicherungswert)*, la somme assurée *(Versicherungssumme)* et la valeur d'indemnité *(Ersatzwert)* (1).

Le *Versicherungswert,* aux termes de l'article 47, est le mon-

---

(1) Il est curieux de remarquer que la traduction officielle du projet traduit Ersatzwert par *valeur de remplacement,* ce qui est matériellement exact, mais ce qui n'est pas en rapport avec la théorie implicite de l'article 46, telle que la développe l'exposé des motifs.

tant total de l'intérêt que l'assuré a à éviter l'événement redouté. Cette valeur peut être fixée par les parties, faute de quoi elle est évaluée d'après les règles d'estimation de l'article 48. Ces règles n'ont aucun intérêt particulier en elles-mêmes, mais l'article 48 peut servir à montrer combien sont inutiles en matière de législation les définitions trop abstraites : après avoir dit que la valeur assurable d'une maison est l'intérêt que son propriétaire possède à ne pas la voir brûler, on est amené à dire que cet intérêt est égal à la valeur de l'immeuble. La somme assurée représente le maximum de l'indemnité que l'assureur aura à fournir, sauf cependant les frais faits par l'assuré pour amoindrir les conséquences du désastre, et qui sont à la charge de l'assureur, même quand, ajoutés à l'indemnité, ils dépassent la somme assurée (art. 65). Cette somme est d'ailleurs soit fixée par les parties, soit, à défaut de fixation, supposée égale au *versicherungswert*. Si elle lui est inférieure (art. 64), l'assuré est censé demeurer son propre assureur pour une fraction, et par conséquent l'indemnité à fournir par l'assureur sera, au risque total, dans le même rapport que la somme assurée à la valeur assurable. C'est la consécration législative d'une théorie que la jurisprudence a adoptée, et que nous considérons pour notre part comme en contradiction formelle avec l'intention des parties dans la plupart des cas. D'ailleurs, les parties peuvent se soustraire à cette interprétation en spécifiant leur volonté dans le contrat.

L'hypothèse réglée par l'article 64 est celle d'une *Unterversicherung*. En cas de *Ueberversicherung*, c'est-à-dire si la somme assurée est supérieure à la valeur assurable, l'assurance est nulle pour tout ce qui dépasse la valeur assurable, et l'assureur peut demander à toute époque que l'assurance soit réduite. Si l'assuré a été de mauvaise foi, le contrat est nul pour le tout. A l'*Ueberversicherung* se rattache la *Doppelversicherung*, c'est-à-dire le cas où l'assurance a été faite pour une somme supérieure à la valeur assurable, mais répartie entre plusieurs assureurs. Aucun de ces assureurs n'est lié si l'assuré a agi de mauvaise foi. Dans l'usage des compagnies françaises contre l'incendie, un article de la police impose la déclaration des coassurances. Il y a là, de même que dans le projet Rölli, la préoccupation d'éviter la recherche d'un bénéfice au moyen d'un contrat qui ne doit être qu'un contrat d'indemnité. Le système français a l'avantage de ne pas imposer à l'assureur la preuve toujours difficile de la mauvaise foi.

Le surplus des dispositions de la deuxième partie se rapporte

aux déclarations à faire après l'événement du sinistre, à l'éva-
luation du dommage, et sur ces différents points, aucune disposition ne mérite une mention spéciale, si ce n'est celle qui impose
à l'assuré l'obligation de conserver ses actions contre des
tiers à raison du dommage survenu, lesquelles passent de plein
droit à l'assureur.

L'impression générale que laisse l'étude de cette deuxième
partie, c'est que l'utilité de ses dispositions n'est pas absolue. Ce
que désirent les praticiens de l'assurance, lorsqu'ils demandent
une intervention législative, ce n'est pas la transformation en
articles de loi des articles de leurs polices usuelles, encore moins
la prohibition de certaines de ces clauses. Le rôle du législateur
est tout autre, à notre avis; il consiste à poser des principes
très généraux, et à laisser à la pratique le soin du détail. Le
projet du Dr Rölli s'est placé à un point de vue tout différent.

C'est en matière d'assurance-vie que les juristes français sont
surtout portés à étudier curieusement les législations étrangères.
C'est sur ce point, en effet, qu'une législation était le plus nécessaire chez nous; la jurisprudence l'a remplacée jusqu'à présent :
ce n'est peut-être pas la seule matière sur laquelle il nous soit
donné de posséder un droit prétorien, mais c'est peut-être celle
où le développement de ce droit prétorien est le plus curieux. Il
est permis d'espérer que la jurisprudence de la Cour de cassa-
tion, malgré la résistance de quelques cours d'appel, est devenue
aujourd'hui définitive; le temps ne paraît pas proche où le législateur songera à la consacrer ou à la modifier, car les propositions de loi pendantes en France sont relatives à l'organisation et
à la surveillance des compagnies d'assurances françaises ou
étrangères, et laissent de côté le contrat d'assurance sur la
vie.

En tête des dispositions spéciales à l'assurance sur la vie, le
projet édicte que l'assurance sur la tête d'un tiers est nulle, si ce
tiers n'a pas donné son adhésion. Ce principe est considéré
comme un axiome, bien que tous ceux qui l'admettent ne soient
pas d'accord sur sa raison d'être. Dans la pratique, certaines
compagnies étendent aux cessions l'exigence de ce consentement;
dans les polices du comité des compagnies françaises, elle fait
l'objet d'une stipulation spéciale, et certains voudraient que ce
fût là la solution, même sans cette stipulation spéciale. Nous
considérons cette extension, en droit comme inexacte, et en fait
comme une exagération. C'est pourquoi nous approuvons le paragraphe 2 de l'article 69, qui, en dehors de la stipulation spé-

ciale, considère comme inutile le consentement de la tête
assurée en ce qui concerne les cessions.

L'article suivant concerne les déclarations à faire par l'assuré,
et notamment celle de son âge. Il est d'usage, dans la plupart
des cas, de se contenter, pour la fixation de l'âge de la tête
assurée, de sa seule déclaration; c'est seulement au moment du
règlement que l'assureur se fait fournir la justification de l'âge.
Si l'âge déclaré n'est pas exact, la compagnie ne s'en prévaut
pas pour obtenir la nullité. Cette conception, qui est consacrée
par une clause des polices du comité, est théoriquement exacte,
car il n'y a pas là modification de l'opinion du risque au point de
vue de son acceptation. Mais il a été accepté à des conditions
différentes de celles qui auraient été imposées si l'on avait connu
l'âge réel.

Si l'assuré s'est rajeuni, on lui paie seulement le capital correspondant à la prime payée pour son âge d'entrée réel. S'il a
déclaré un âge trop élevé, il a trop payé; d'après les polices
françaises, on lui restitue la totalité du trop perçu. Le projet,
plus exact, dispose qu'on lui restituera la différence entre la
réserve actuelle et la réserve moins forte qui aurait dû être cons-
tituée. On sait, en effet, que, pour le passé, les primes versées sont
consommées, sauf une partie, qui constitue la réserve. Lors donc
que, d'une façon générale, l'assureur a à restituer quelque chose
pour le passé, ce ne peut être ni le tout ni une partie des primes
encaissées, ce ne peut être que le tout ou une partie de la réserve.
La solution du projet Rölli est donc rationnelle.

Le point capital de la théorie des assurances sur la vie est
l'attribution du bénéfice de l'assurance. Les principes de la stipulation pour autrui, tels qu'on les applique en France à l'assurance sur la vie, exigent que le bénéficiaire soit une personne
certaine et précisément désignée. Faute de cette désignation, le
bénéfice de l'assurance demeure partie intégrante du patrimoine
du souscripteur. Le projet Rölli exige la désignation précise du
bénéficiaire dans les termes suivants (art. 71) : « Il y a assurance
« en faveur d'un tiers lorsque le contrat stipule que l'assureur
« fournira ses prestations à un tiers désigné nominalement ou
« d'une façon suffisamment précise. »

Évidemment cet article n'a pas été écrit pour nous apprendre
qu'il y a assurance en faveur d'un tiers lorsque ce tiers doit en
recueillir l'émolument. Pour que l'article ait un autre sens que
celui d'un pur truisme, il faut l'interpréter comme la consécration de la théorie énoncée ci-dessus, c'est-à-dire comme exi-

geant la désignation précise du bénéficiaire pour l'acquisition à son profit d'un droit propre. Droit propre, mais non irrévocable : le souscripteur peut disposer à son gré de l'assurance souscrite au profit d'un tiers (art. 72); mais la mort du souscripteur rend irrévocable le droit du bénéficiaire, les héritiers ne peuvent pas révoquer le bénéfice. C'est là un point qu'il était utile de fixer; on sait qu'une controverse importante existe sur ce point en droit français : si personne ne soutient plus guère aujourd'hui que l'acceptation du bénéficiaire ne peut avoir lieu après la mort du souscripteur, on n'est pas d'accord sur la question de savoir si la révocation ne demeure pas possible par les héritiers du souscripteur. Si favorable que puisse être à l'assurance l'opinion qui déclare le bénéfice irrévocable à dater du décès du souscripteur, nous ne croyons pas pouvoir la déduire des principes (1); c'est pourquoi la disposition de l'article 72, § 2 nous paraît éminemment désirable.

Du vivant du souscripteur, l'irrévocabilité du bénéfice ne résulte pas, comme dans la doctrine française, de l'acceptation par le bénéficiaire. Celui-ci ne possède, aux termes du projet, aucun moyen de rendre irrévocable à son profit la désignation dont il a été l'objet. C'est le souscripteur qui peut, dans la police même, s'interdire le droit de révoquer ; l'irrévocabilité est acquise si la police a été, en outre, remise au bénéficiaire. On le voit, le projet part d'un principe entièrement opposé à celui de la doctrine française. Dans l'une, c'est le bénéficiaire ; dans l'autre, c'est le souscripteur qui prononce l'irrévocabilité. Exiger la remise de la police, c'est donner lieu à des contestations sur le caractère volontaire de cette remise, contestations que supprime le système français, dans lequel le seul fait d'avoir la police en mains et d'en invoquer les stipulations vaut comme acceptation tacite. — Il faut supposer d'ailleurs que la renonciation au droit de révoquer, dont parle l'article 72 *in fine*, peut avoir lieu aussi bien *a posteriori* au moyen d'un avenant que dans la police elle-même, car autrement le souscripteur qui aurait négligé de le faire, et peut-être à dessein, au moment où la police a été dressée, se trouverait dénué de tout moyen de rendre le bénéfice irrévocable.

L'intérêt que possède le bénéficiaire à cette irrévocabilité est

____

(1) En mitigeant toutefois l'opinion contraire par une exigence d'élémentaire équité : que le bénéficiaire ait été mis dans la possibilité matérielle de faire acceptation.

très grand, car tant qu'elle n'est pas acquise, une saisie ou la déclaration de faillite du souscripteur fait évanouir le bénéfice. La loi fait donc rentrer de plein droit dans le patrimoine du souscripteur le bénéfice de l'assurance que celui-ci en avait fait sortir. Cette disposition se comprend mieux pour le cas de faillite que dans le cas d'une saisie-arrêt. La base de cette disposition est le désir de faire rentrer dans le gage des créanciers une valeur qu'il serait peut-être choquant de voir subsister comme pur gain au profit des proches du débiteur, alors que les créanciers ne sont pas payés de leur dû. Mais c'est le caractère de l'assurance sur la vie en elle-même que de créer des capitaux *à côté* du patrimoine du souscripteur. Or, les créanciers n'ont dû compter que sur ce patrimoine, et du moment qu'il n'a pas été diminué pour constituer l'assurance, ils n'ont rien à réclamer sur celle-ci.

Une fois rentré dans le patrimoine du failli, quel sera le sort du contrat d'assurance? Rarement, en fait, il sera continué. Le rachat sera la solution ordinaire. Mais, dit l'article 75, c'est au souscripteur du contrat, c'est-à-dire au failli, qu'il incombe de choisir entre les deux alternatives. Ce choix est l'usage d'un droit exclusivement attaché à la personne; ce sur quoi la faillite peut mettre la main, c'est sur le résultat pécuniaire du choix effectué par le failli, le choix lui-même lui échappe.

Insistons ici sur une disposition très intéressante, la plus intéressante peut-être de tout le projet. Elle atténue au profit de la femme et des enfants de l'assuré les conséquences de la révocation de plein droit du bénéfice de l'assurance en cas de faillite. Lorsque le rachat du contrat est décidé, la femme et les enfants, avec l'adhésion de l'assuré, peuvent acquérir la propriété du contrat en versant à la masse le prix de rachat. Celle-ci n'y perd rien, et la famille de l'assuré conserve une ressource précieuse pour elle dans la ruine de son chef. En France, lorsque le bénéfice est nominativement attribué à la femme ou aux enfants du failli, le contrat échappe à la faillite, mais le système de l'article 75, § 2 serait d'une application utile dans les cas où le contrat est rédigé de manière à ce que le bénéfice du contrat demeure dans le patrimoine de l'assuré et tombe dans la masse de la faillite. Quant à la justification juridique de l'article 75, § 2, il n'y en a point d'autre que son utilité; ce droit ne résulte pour la femme et les enfants d'aucun principe général. On n'aura pas manqué de remarquer l'analogie de ce droit avec un droit de retrait.

Pour en finir avec les articles relatifs à l'attribution du bénéfice du contrat et aux incidents qui peuvent l'entraver, il nous
reste à signaler que l'article 73 fait, sauf stipulation contraire,
passer le droit du bénéficiaire, irrévocable ou non, aux héritiers
de celui-ci, s'il meurt avant l'assuré. On sait que l'usage et la
jurisprudence sont, en France, contraires à cette décision. Nous
croyons que l'article 73 interprète très inexactement l'intention
des parties : celui qui souscrit une assurance au profit d'une
personne, croit que cette personne lui survivra, et s'il néglige
de désigner un bénéficiaire en seconde ligne, ce n'est pas parce
qu'il veut faire passer le bénéfice aux héritiers du premier bénéficiaire, c'est parce qu'il n'a pas considéré comme vraisemblable
le prédécès de celui-ci.

Le projet est muet sur les questions si délicates qui concernent
l'assurance-vie dans ses rapports avec le droit des successions
et avec le droit matrimonial. La raison en est que ces deux ma-
tières sont du ressort du droit cantonal. Nous n'examinerons pas si
certains points ne pouvaient pas cependant être effleurés dans
une loi fédérale : c'est plutôt là une question de droit constitu-
tionnel suisse que d'assurance sur la vie.

Le surplus des articles de la troisième partie contient la sanction législative de notions techniques importantes. Il est à
regretter que l'auteur du projet n'ait pas employé ses éminentes
connaissances spéciales à préciser le caractère de certaines opé-
rations usuelles en matière d'assurance-vie ; il n'aurait pas été
inutile, selon nous, de consacrer à la participation aux bénéfices,
sous ses différentes formes, quelque chose de plus étendu et de
moins énigmatique que l'article 86 ; il n'aurait pas été inutile de
définir certaines espèces de contrats d'assurance, comme l'assurance mixte, afin de dégager sans controverse possible les règles
juridiques qui leur conviennent.

Les notions techniques dont nous venons de parler sont celles
de la valeur de réduction et de la valeur de rachat. Nous
avons déjà parlé de la valeur de rachat à propos de l'article 9,
et de ceux qui s'y réfèrent.

On sait qu'à raison des méthodes employées pour calculer les
primes, une compagnie d'assurance sur la vie doit conserver,
pour chaque catégorie d'assurance, des sommes prélevées sur
l'ensemble des primes, et destinées à couvrir, avec l'adjonction
des primes futures, les engagements de la compagnie. Bien que
ces réserves soient calculées par groupes d'assurés et que la
sécurité qui résulte de l'existence des réserves n'ait un sens

que si l'on calcule par groupes, il n'en est pas moins vrai que si un contrat disparaît, la compagnie, n'ayant plus à couvrir le risque correspondant à ce contrat, se trouvera avoir quelque chose en trop dans ses réserves. C'est ce quelque chose (qu'on peut d'ailleurs calculer par des procédés directs) qu'on appelle la réserve du contrat. Lorsqu'un assuré cesse de payer ses primes, il peut ou bien laisser à la compagnie la réserve de son contrat comme prime unique d'une assurance réduite ou bien se faire restituer cette réserve; il choisit entre la réduction ou le rachat. Il est universellement admis que l'assureur doit, en cas de rachat, faire une retenue sur la réserve. Cette retenue est destinée à couvrir le bénéfice normal de l'assureur et les frais de toute nature non encore amortis, et dont l'amortissement était calculé pour la durée normale du contrat. L'usage, consacré par le projet Rölli, est de n'accepter le rachat ou la réduction qu'après le paiement de trois années de primes. De plus, comme le grand nombre des rachats est un danger pour une compagnie, il importe qu'elle ait le moyen de les enrayer en les rendant plus onéreux pour l'assuré. C'est pourquoi les compagnies stipulent dans leurs polices le droit de modifier à toute époque les bases du calcul des valeurs de rachat. Une autre raison de cette stipulation, c'est l'éventualité d'une modification du taux d'intérêt employé dans les calculs entre la conclusion du contrat et le jour du rachat. En fait, les compagnies n'usent pas toujours du droit d'appliquer aux contrats anciens les taux nouveaux. Mais il est juste que ce droit leur soit réservé. C'est pourquoi nous ne saurions approuver l'article 82, ni dans son paragraphe 1er, qui impose pour le calcul du capital réduit les tarifs en usage lors de la conclusion de l'assurance, ni dans son paragraphe 2, qui fixe pour la valeur du rachat un mode de calcul immuable. Cette valeur doit être au moins égale à la réserve diminuée de 2 p. 100 du capital assuré. Le résultat de cette disposition serait le suivant : la proportion entre la retenue fixe et la réserve étant de moins en moins forte à mesure que cette réserve augmente, on favoriserait le rachat des assurés qui se retirent après un grand nombre d'années, c'est-à-dire ceux qui constituent, pour employer le langage de la pratique, les *bons risques*. L'équilibre nécessaire entre les risques divers assumés par une compagnie pourrait se trouver compromis par là, comme par toute mesure qui favorise l'antisélection; on appelle ainsi la tendance natu-relle des bons risques à renoncer à l'assurance, qui leur devient onéreuse, tandis que les risques mauvais ou médiocres restent à la charge de la compagnie.

Les articles 81 et 82 que nous venons d'analyser, sont les plus importants de cette dernière portion; il n'est pas nécessaire d'entrer dans le détail des dispositions relatives à la procédure du rachat et de la réduction, qui n'ont pas un intérêt général.

On attendrait, à la suite de la définition technique du rachat, quelques explications sur son fonctionnement juridique. A qui appartient le droit de le demander? C'est une question importante et controversée. D'après la solution adoptée par le projet en matière de faillite, ce droit est considéré comme attaché à la personne du souscripteur de l'assurance. Mais dans l'hypothèse de la faillite, il n'y a plus de bénéficiaire désigné, nous l'avons vu. Ce droit que les créanciers n'ont pas, ne peut-il pas appartenir au bénéficiaire, irrévocable ou non, avec ou sans le concours du souscripteur? C'est un point qui pouvait être tranché d'un seul mot, et il serait intéressant d'avoir un point d'appui dans la loi pour départager ceux qui, d'une part, limitent étroitement les droits du bénéficiaire au capital assuré, et ceux qui transportent sur sa tête la presque totalité des droits résultant du contrat, notamment le droit au rachat.

Tel est ce projet destiné à remplacer dans la législation suisse les dispositions cantonales sur la matière demeurées provisoirement en vigueur. Nous faisions allusion, en débutant, aux désidérata des assureurs, et nous laissions entendre qu'ils n'avaient pas ménagé les critiques; nous en avons formulé quelques-unes, chemin faisant; nous les résumerons en disant que le projet aurait mieux atteint son but s'il s'était montré plus sobre sur les points de détail et de pratique qui peuvent sans inconvénient être abandonnés à la libre convention des parties, et s'il avait, dans l'énonciation des principes et des définitions, préféré des formules moins abstraites et plus précises.

9 782019 669560